Nina Herkt

Deutsch als Zweitsprache systematisch fördern

Artikel, Präpositionen und Nomen

Grundlegende Übungen zum Themenschwerpunkt *Einkaufen*

Die Autorinnen

Mit Beiträgen von Nina Herkt.

Mit Beiträgen von Maria Stens.

Gedruckt auf umweltbewusst gefertigtem, chlorfrei gebleichtem und alterungsbeständigem Papier.

1. Auflage 2017

Coverfoto: © WavebreakmediaMicro – Fotolia.com
Grafik: Barbara Gerth
Satz: Satzpunkt Ursula Ewert GmbH, Bayreuth

ISBN: 978-3-403-20057-4

www.persen.de

Inhaltsverzeichnis

Einleitung

Kapitel 1: Rund um das Bezahlen

Kapitel 2: Unterwegs in der Stadt

Kapitel 3: Im Einkaufswagen

Kapitel 4: Unterwegs im Kaufhaus

Vorwort

„Das Bäckerei steht neben die Supermarkt.“ „Die Portemonnaie liegt zwischen das Münze und die Kassenbon.“ Sätze wie diese sagen Kinder mit Migrationshintergrund immer wieder. Stolperfallen der deutschen Sprache gibt es reichlich. Besonders schwierig für Kinder nichtdeutscher Muttersprache sind Nomen mit ihren Artikeln und Präpositionen.

Von Anfang an können und sollen Kinder in diesen Bereichen sprachlich gefördert werden. Anliegen dieses Buches ist es, den Lehrern und Kindern strukturierte Übungen an die Hand zu geben. Die Inhalte sind in vier Themen mit einem kindernahen Wortschatz eingeteilt. Dazu gibt es verschiedene, den Wortschatz wiederholende Aufgaben. In den jeweiligen Themen kommen die gleichen Aufgabentypen wieder vor.

Die Kapitel dieses Buches entsprechen im Aufbau im Wesentlichen den Bänden: *Artikel, Präpositionen und Nomen – Weiterführende Übungen zum Themenschwerpunkt Schule, Zu Hause bzw. mein Körper.*

Wichtig ist, dass die Kinder sprechen. Deshalb gibt es eine Auswahl an Spielen, die zu jedem Thema passen und die den Kindern erfahrungsgemäß viel Spaß machen. Spielerisch können grammatische Inhalte geübt und von den Schülerinnen und Schülern auf motivierende Art und Weise trainiert werden.

Didaktisch-methodische Hinweise

Die Themen dieses Buches sind:

- Rund um das Bezahlen
- Unterwegs in der Stadt
- Im Einkaufswagen
- Unterwegs im Kaufhaus

Bei jedem Thema gibt es verschiedene Übungen mit dem gleichen Wortschatz. Die Aufgaben umfassen den bestimmten und unbestimmten Artikel, Pronomen, Präpositionen sowie veränderte Artikel nach Präpositionen und bestimmten Verben.

Viele Übungsformen wiederholen sich bei den Themen, mit dem Wortschatz des jeweiligen Themas. Außerdem bauen die Aufgaben aufeinander auf und der Wortschatz wird teilweise in den späteren Kapiteln wiederholt. Aufgrund dessen sollten die Themen in der vorgegebenen Reihenfolge bearbeitet werden.

Der Wortschatz zu den vier Themen:

Rund um das Bezahlen

- der Geldschein
- die Münze
- die Bank
- das Wechselgeld
- das Sonderangebot
- die Verkäuferin
- der Einkaufszettel
- die Kasse
- der Geldautomat
- der Kassenbon
- der Preis
- das Portemonnaie

Unterwegs in der Stadt

- das Schuhgeschäft
- die Buchhandlung
- der Supermarkt
- die Apotheke
- das Café
- die Metzgerei
- die Bäckerei
- der Bus
- die Straße
- das Fahrrad
- der Zebrastreifen
- das Auto

Im Einkaufswagen

- der Teebeutel
- der Pilz
- das Brötchen
- die Karotte
- der Joghurt
- die Orange
- die Tomate
- der Salat
- die Kartoffel
- das Eis
- die Birne
- die Olive

Unterwegs im Kaufhaus

- die Rolltreppe
- der Fahrstuhl
- die Umkleidekabine
- der Kleiderständer
- die Tüte
- der Pullover
- die Hose
- das T-Shirt
- das Kleid
- die Jacke
- das Kopftuch
- der Rock

Das Lernen der Artikel bedarf vielfältiger und häufiger Wiederholungen. Dabei sollte auch praktisch-handelndes Üben nicht zu kurz kommen. Nach Möglichkeit können die reellen Gegenstände aus der Umgebung der Kinder miteinbezogen werden, die Artikel auf Kärtchen laminiert oder Poster zum Einprägen gestaltet werden. Um den Kindern die Einteilung zu erleichtern, bekommt jeder Artikel eine bestimmte Farbe. In der Didaktik des Faches Deutsch als Fremdsprache werden folgende Farben verwendet:

Blau: der
Rot: die
Grün: das
Gelb: die (Mehrzahl)

Die Zuordnung der Artikel zu den Farben kann den Kindern mithilfe von Sprüchen erleichtert werden:

- **Ein blauer Punkt, das ist nicht schwer, dann heißt es „der".**
- **Ein roter Punkt, das vergessen wir nie, dann heißt es „die".**
- **Ein grüner Punkt – weißt du was, dann heißt es „das".**

Das Verändern des Artikels nach Präpositionen ist für Kinder mit nicht-deutscher Erstsprache sehr schwierig. Dieser Bereich sollte deshalb möglichst häufig auch in praktischer und mündlicher Form geübt werden. Dazu eignet sich das Stellen, Setzen und Legen der Gegenstände im Klassenzimmer und in der Schule. Außerdem können die Wortschatzbilder vergrößert und entsprechend gelegt werden.

Spiele zum Wortschatz mit Artikel

Vergrößern Sie die Bilder vom Wortschatz und laminieren Sie die Karten. Diese finden Sie jeweils als erste Seite jedes Kapitels. Damit haben Sie für viele Spiele das Spielmaterial. Bei größeren Gruppen können die Spiele auch oft in Teams gespielt werden. Je nach Leistungsstand können die Spiele mit wenigen oder vielen Karten ausgeführt werden.

1. Kommando-Spiel

Dieses Spiel eignet sich gut als Bewegungspause zwischendurch. Die Kinder stehen an ihrem Stuhl oder Tisch. Der Spielleiter ruft: „Kommando: Auf den Stuhl!" und die Schülerinnen und Schüler müssen die Aufgabe so schnell es geht ausführen. Ebenso möglich sind Kommandos wie „Unter den Tisch!", „Vor das Regal!" oder „Neben die Tafel!" oder Quatsch-Kommandos wie „Unter die Wand!" oder „In den Stuhl!".

2. „Passt!"

Legen Sie die Wortschatzkarten verdeckt auf einen Stapel. Machen Sie einen zweiten Stapel mit Karten, auf denen jeweils ein bestimmter Artikel steht oder der entsprechende Artikelpunkt. Beide Stapel liegen in der Kreismitte. Decken Sie von jedem Stapel die oberste Karte auf. Passen Artikel und Wort zusammen, rufen die Kinder „Passt!". Wer zuerst gerufen hat, darf Artikel und Wort benennen. Ist es richtig, darf das Kind das Kartenpaar behalten. Wer die meisten Paare hat, hat gewonnen.

3. Schnapp-Spiel

Legen Sie alle Wortschatzkarten offen in die Kreismitte. Der Spielleiter sagt eines der Wörter. Die Kinder suchen das Wort und klatschen mit der Hand auf die Karte. Wer zuerst die Karte gefunden hat, darf das Wort mit Artikel nennen. Ist es richtig, behält das Kind die Karte. Wer die meisten Karten hat, hat gewonnen. Sehr beliebt ist dieses Spiel auch mit Fliegenklatschen.

Spiele zum Wortschatz mit Begleiter

4. Die verflixte 6

Ziehen Sie eine Wortschatzkarte (z. B. Bank). Ein Kind würfelt und löst die entsprechende Aufgabe. Es würfelt und sammelt so lange Punkte, wie es möchte. Es kann den Würfel aber auch an das nächste Kind weitergeben, wenn es nicht mehr weiterwürfeln möchte. Würfelt es eine 6, gehen alle Punkte verloren und das nächste Kind ist an der Reihe.

1 = einen Punkt bekommen

2 = bestimmten Artikel nennen („die Bank")

3 = unbestimmten Artikel nennen („eine Bank")

4 = mit dem Wort einen korrekten Satz bilden („Die Bank ist klein.“)

5 = einen Satz mit dem Wort und einer Präposition bilden („In der Bank ist ein Geldautomat.“)

6 = alle Punkte gehen verloren

5. Karten im Kreis

Legen Sie alle Wortschatzkarten aufgedeckt in einen Kreis. Jedes Kind bekommt eine Spielfigur und stellt sie auf eine Karte. Wer an der Reihe ist, würfelt und setzt seine Spielfigur in eine Richtung weiter. Wenn das Kind das Wort mit Artikel sagen kann, bekommt es die Karte.

6. Wort-Rallye (Siehe auch Seite 8/9)

An verschiedenen Orten im Klassenzimmer liegen 6 Aufgaben (1 – bestimmter Artikel, 2 – unbestimmter Artikel, 3 – Pronomen, 4 – Präpositionen, 5 – Satz mit Präposition – Wo?, 6 – Satz mit Präposition – Wohin?).

Zu den Aufgaben 1–3 legen Sie jeweils drei Wortkarten, zu Aufgabe 4 drei Bildkarten zu den Präpositionen. Zu den Aufgaben 5 und 6 legen Sie zwei Wortkarten und eine Präpositionenkarte. Die Kinder gehen zu den Aufgaben und tragen die Antworten auf dem Lösungszettel ein. Für jede der 6 Aufgaben gibt es 3 Punkte. Wer nach einer bestimmten Zeit die meisten Punkte hat, hat gewonnen. Dieses Spiel lässt sich gut in Partnerarbeit spielen. Möglich ist es auch, mithilfe eines Wörterbuches einen unbekannten Wortschatz zu üben.

7. Artikel-Würfeln

(Spielmaterial = Übersicht Wortschatz) Jeder Mitspieler bekommt einen Spielplan vom Wortschatz (auf DIN-A5 verkleinert), einen Würfel und Spielplättchen. Reihum wird gewürfelt. Je nach gewürfelter Zahl wird ein Spielplättchen auf ein Bild mit entsprechendem Artikel gelegt. Wer zuerst seinen Spielplan voll hat, hat gewonnen. Siehe auch Seite 8 und 9.

5 Wo?

6 Wohin?

Beispiel für einen Lösungszettel

4			
5	Die Hose ist neben der Tüte.		
6	Die Verkäuferin geht hinter die Bank.		

1 der bestimmte Artikel

2 der unbestimmte Artikel

3 Personalpronomen

4 Präpositionen

5 Wo?

6 Wohin?

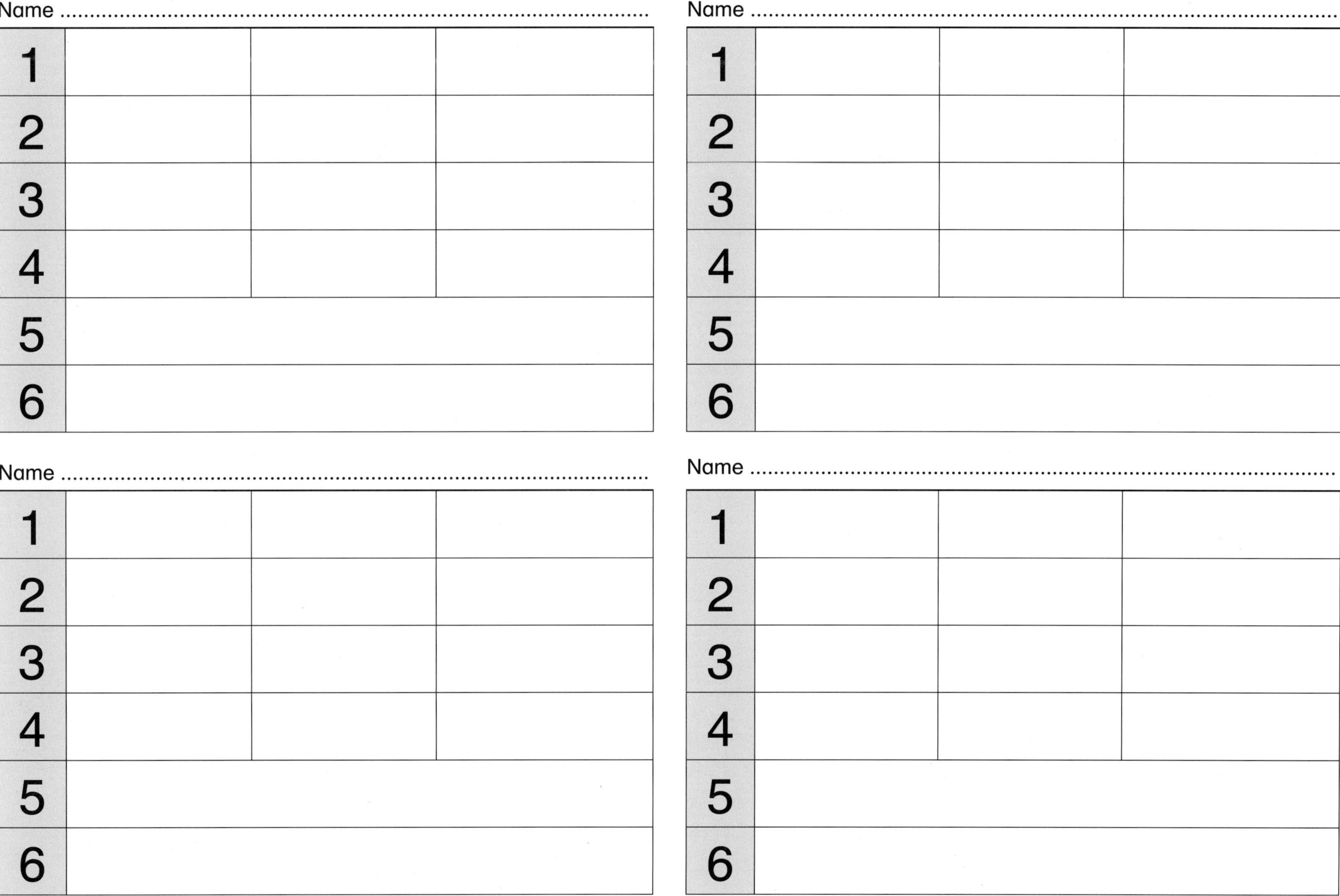
Name ....
1
2
3
4
5
6
Name ....
1
2
3
4
5
6
Name ....
1
2
3
4
5
6
Name ....
1
2
3
4
5
6

Wo? Präpositionen in Bildern

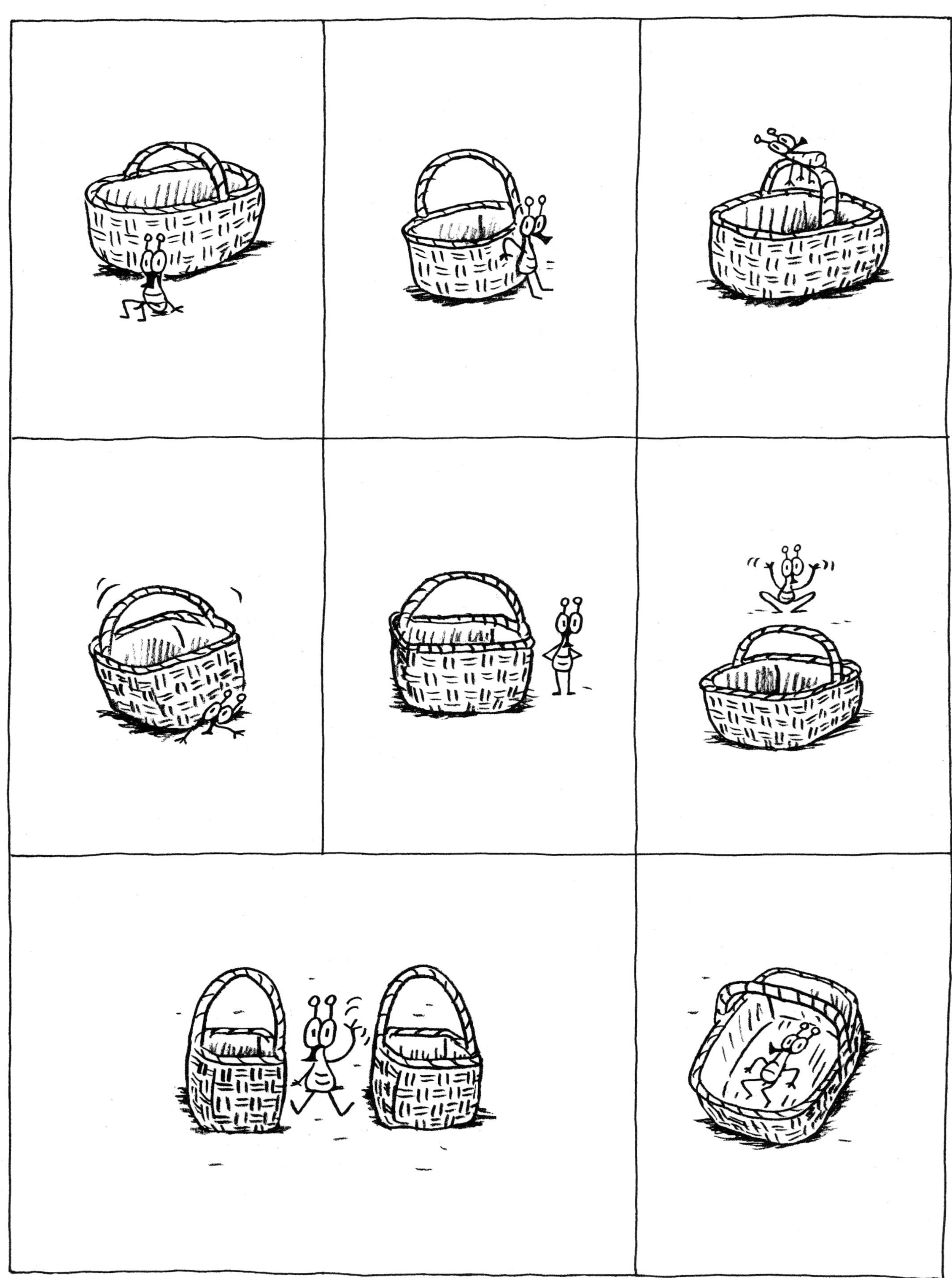

Wortschatz: Rund um das Bezahlen

Suche im Wörterbuch die Wörter. Schreibe die bestimmten Artikel zu den Wörtern.

Male die Punkte in den richtigen Farben an:

blau: (der) rot: (die) grün: (das)

______ Geldschein ______ Münze ______ Bank ______ Wechselgeld

______ Sonderangebot ______ Verkäuferin ______ Einkaufszettel ______ Kasse

______ Geldautomat ______ Kassenbon ______ Preis ______ Portemonnaie

Schreibe die Wörter mit dem Artikel richtig in die Tabelle.

der	die	das

Male die Punkte in den richtigen Farben an:

blau: der rot: die grün: das

○ der → ○ ein
○ die → ○ eine
○ das → ○ ein

Schreibe das Wort mit dem bestimmten und unbestimmten Artikel.

Münze ○

Preis ○

Sonder-angebot ○

Kasse ○

Bank ○

Porte-monnaie ○

Verkäuferin ○

Geldschein ○

Einkaufs-zettel ○

Geldautomat ○

 **Male die Bilder an.**  **Schreibe wie im Beispiel.**

rosa — Das ist ein Portemonnaie.
Das Portemonnaie ist rosa.

grün — Das ist
Die

grau

gelb

rot

weiß

bunt

schwarz

weiß

Male die Punkte in den richtigen Farben an:

blau: der rot: die grün: das

○ der → ○ er
○ die → ○ sie
○ das → ○ es

Schreibe die passenden Pronomen: er sie es

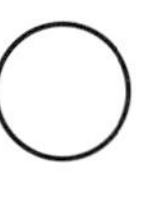

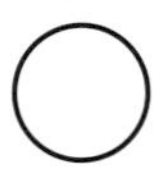

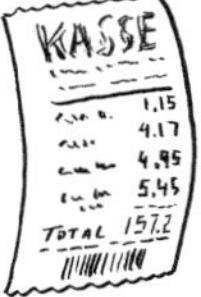

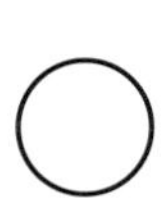

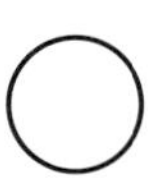

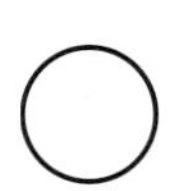

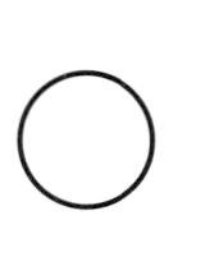

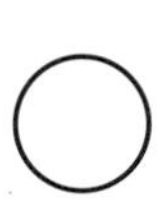

Welche Sätze gehören zusammen? Verbinde.

Der Geldschein liegt auf dem Tisch.	Er ist niedrig.
Die Münze ist unter dem Kassenbon.	Sie ist versteckt.
Die Verkäuferin ist an der Kasse.	Er ist zerrissen.
In der Bank ist viel Platz.	Es ist sehr günstig.
Das Sonderangebot hängt an der Kasse.	Er ist rot.
Das Portemonnaie ist sehr dünn.	Er steht in der Bank.
Der Geldautomat ist groß und grau.	Sie ist riesig.
Der Einkaufszettel liegt im Müll.	Sie arbeitet.
Das Wechselgeld beträgt 99 Cent.	Es ist leer.
Die Kasse ist nicht geöffnet.	Es besteht nur aus Münzen.
Der Preis ist nicht hoch.	Sie ist geschlossen.

Schreibe wie im Beispiel.

Ist der Kassenbon zerrissen?	Ja, er ist zerrissen.
Ist der Geldautomat klein?	Nein, ______________________
Ist der Geldschein rot?	Ja, ______________________
Arbeitet die Verkäuferin?	Nein, ______________________
Gehört der Einkaufszettel Julia?	Ja, ______________________
Ist die Kasse geöffnet?	Nein, ______________________
Ist der Preis hoch?	Ja, ______________________
Ist die Bank klein?	Nein, ______________________
Steht das Sonderangebot an der Kasse?	Ja, ______________________
Ist die Münze im Portemonnaie?	Nein, ______________________
Liegt das Portemonnaie auf dem Tisch?	Ja, ______________________

Ersetze 7 Wörter! Streiche sie durch und schreibe er sie oder es darüber.

Sie

An der Kasse steht eine Verkäuferin. ~~Die Verkäuferin~~ hat rote Haare.

Vor der Kasse liegt Wechselgeld. Das Wechselgeld besteht aus einer Münze.

Die Münze liegt neben einem Kassenbon. Der Kassenbon liegt auf dem

Einkaufszettel. Ein Kind steckt das Wechselgeld in ein Portemonnaie.

Das Portemonnaie ist schön blau. Vor der Kasse steht ein Sonderangebot.

Das Sonderangebot ist sehr günstig. Neben dem Geschäft ist eine Bank.

Die Bank ist heute sehr leer. Hinten steht ein Geldautomat. Der Geldautomat ist

groß und grau.

Wo? – Wo? – Wo ist der Floh?

vor
unter
hinter
in
zwischen
an
auf
neben

Schreibe wie im Beispiel.

... der Kasse

Der Geldautomat steht hinter der Kasse.

Die Verkäuferin

Manche Wörter sagen dir, wo etwas ist.
Kreise diese Wörter ein.

nachdem – an – zwischen – auf – unter – weil – bevor – hinter – vor – als – mit – wenn – damit – neben – obwohl – in

Frage ich „**Wo?**" verändert sich der Artikel.
Bei *liegen, stehen, ist* … wird aus

der Kassenbon → auf **dem** Kassenbon
die Kasse → in **der** Kasse
das Sonderangebot → neben **dem** Sonderangebot

○ der → ○ dem
○ die → ○ der
○ das → ○ dem

Schreibe wie im Beispiel.

der-Wörter	Wo ist die Münze?
	hinter dem Geldschein

die-Wörter	Wo ist die Münze?

das-Wörter	Wo ist die Münze?

Setze ein: auf – unter – an – in – zwischen – neben – vor – hinter – der – die – das – dem – der – dem

○ der → ○ dem
○ die → ○ der
○ das → ○ dem

Die Verkäuferin sitzt ______________ ______________ Kasse.

Der Geldschein ist ______________ ______________ Portemonnaie.

Das Wechselgeld liegt ______________ ______________ Kasse.

Der Kassenbon liegt ______________ ______________ Geldschein.

Die Kasse ist ______________ ______________ Geldautomat.

Die Kasse ist ______________ ______________ Verkäuferin.

Der Geldschein liegt ______________ ______________ Kassenbon.

Das Portemonnaie liegt ______________ ______________ Geldautomat.

Der Geldautomat steht ______________ ______________ Kasse.

Der Kassenbon liegt ______________ ______________ Sonderangebot

und ______________ Verkäuferin.

______________ ______________ Kasse liegt ______________ Geldschein.

______________ ______________ Portemonnaie ist ______________ Geldschein.

______________ ______________ Wechselgeld ist ______________ Sonderangebot.

Schreibe Sätze.
Verwende *liegt, steht* oder *ist*.

○ der → ○ dem
○ die → ○ der
○ das → ○ dem

Münze	Die Münze ist in dem Portemonnaie.
Kassenbon	
Verkäuferin	
Porte-monnaie	
Sonder-angebot	
Einkaufs-zettel	
Kasse	
Geldschein	
Bank	
Wechselgeld	
Bankautomat	
Verkäuferin	
Porte-monnaie	

Unterstreiche in jedem Satz das Wort, das dir sagt, wo etwas ist.

Fülle die Lücken aus.
Setze ein: der – die – das / dem – der – dem

__________ Verkäuferin sitzt an __________ Kasse. __________ Geldschein ist in __________ Portemonnaie. Auf __________ Kasse liegt __________ Wechselgeld. __________ Kassenbon liegt vor __________ Kasse. __________ Geldschein liegt unter __________ Kassenbon. __________ Kasse ist vor __________ Geldautomat. __________ Geldautomat ist also hinter __________ Kasse. __________ Sonderangebot ist auf __________ Kasse. Neben __________ Geldautomat liegt __________ Portemonnaie. __________ Sonderangebot ist neben __________ Wechselgeld. __________ Geldschein ist zwischen __________ Sonderangebot und __________ Verkäuferin. __________ Geldschein liegt vor __________ Kasse.

Wo sind die Menschen und Gegenstände? Schreibe wie im Beispiel.

Verkäuferin

Wo ist die Verkäuferin.

Sie ist in der Bank.

Porte-monnaie

Wo ist das Portemonnaie?

Es ist

Sonder-angebot

Einkaufs-zettel

Münze

Geldschein

Kassenbon

Wechsel-geld

Bank-automat

Schreibe 8 Wörter auf, die dir sagen, <u>wo</u> etwas ist.

Frage ich **„Wo?“** verändert sich der Artikel.
Bei *liegen, stehen, ist* … wird aus

ein Kassenbon	→	unter **einem** Kassenbon
eine Kasse	→	auf **einer** Kasse
ein Portemannaie	→	in **einem** Portemannaie

○ ein → ○ einem
○ eine → ○ einer
○ ein → ○ einem

Schreibe wie im Beispiel.

der-Wörter	Wo ist die Münze?
	hinter einem Geldschein

die-Wörter	Wo ist die Münze?

das-Wörter	Wo ist die Münze?

Setze ein: ein – eine – einem – einer –
auf – unter – an – in –
zwischen – neben – vor – hinter

○ ein	→ ○ einem
○ eine	→ ○ einer
○ ein	→ ○ einem

Die Verkäuferin sitzt ____________ ____________ Kasse.

Der Geldschein ist ____________ ____________ Portemonnaie.

Das Wechselgeld liegt ____________ ____________ Sonderangebot.

Der Kassenbon liegt ____________ ____________ Geldschein.

Die Kasse ist ____________ ____________ Geldautomat.

Die Kasse ist ____________ ____________ Verkäuferin.

Der Geldschein liegt ____________ ____________ Kassenbon.

Das Portemonnaie liegt ____________ ____________ Geldautomat.

Der Geldautomat steht ____________ ____________ Portemonnaie.

Das Wechselgeld liegt ____________ ____________ Portemonnaie und ____________ Sonderangebot.

____________ ____________ Kasse liegt ____________ Geldschein.

____________ ____________ Portemonnaie ist ____________ Geldschein.

____________ ____________ Geldautomat ist ____________ Kasse.

Schreibe Sätze.
Verwende *liegt, steht* oder *ist*.

○ ein	→ ○ einem
○ eine	→ ○ einer
○ ein	→ ○ einem

Münze — Die Münze ist in einem Portemonnaie.

Kassenbon

Verkäuferin

Portemonnaie

Sonderangebot

Einkaufszettel

Kasse

Geldschein

Bank

Wechselgeld

Bankautomat

Verkäuferin

Portemonnaie

Das weiß ich jetzt

Schreibe die bestimmten Artikel: **der – die – das.**

__________ __________ __________

__________ __________ __________

Schreibe die unbestimmten Artikel: **ein – eine – ein.**

__________ __________ __________

Schreibe die passenden Pronomen: **er – sie – es.**

__________ __________ __________

Schreibe 8 Wörter, **wo** etwas ist.

__________ __________ __________ __________

__________ __________ __________ __________

Wo sind die Gegenstände? Schreibe Sätze mit **der – die – das / dem – der.**

Portemonnaie ______________________________

Münze ______________________________

Einkaufszettel ______________________________

Fülle die Lücken aus: **ein – eine / einem – einer.**

__________ Bankautomat ist in __________ Bank. An __________ Kasse steht __________ Verkäuferin. __________ Sonderangebot ist neben __________ Kasse. Zwischen __________ Portemonnaie und __________ Münze liegt __________ Geldschein. __________ Preis steht an __________ Sonderangebot.

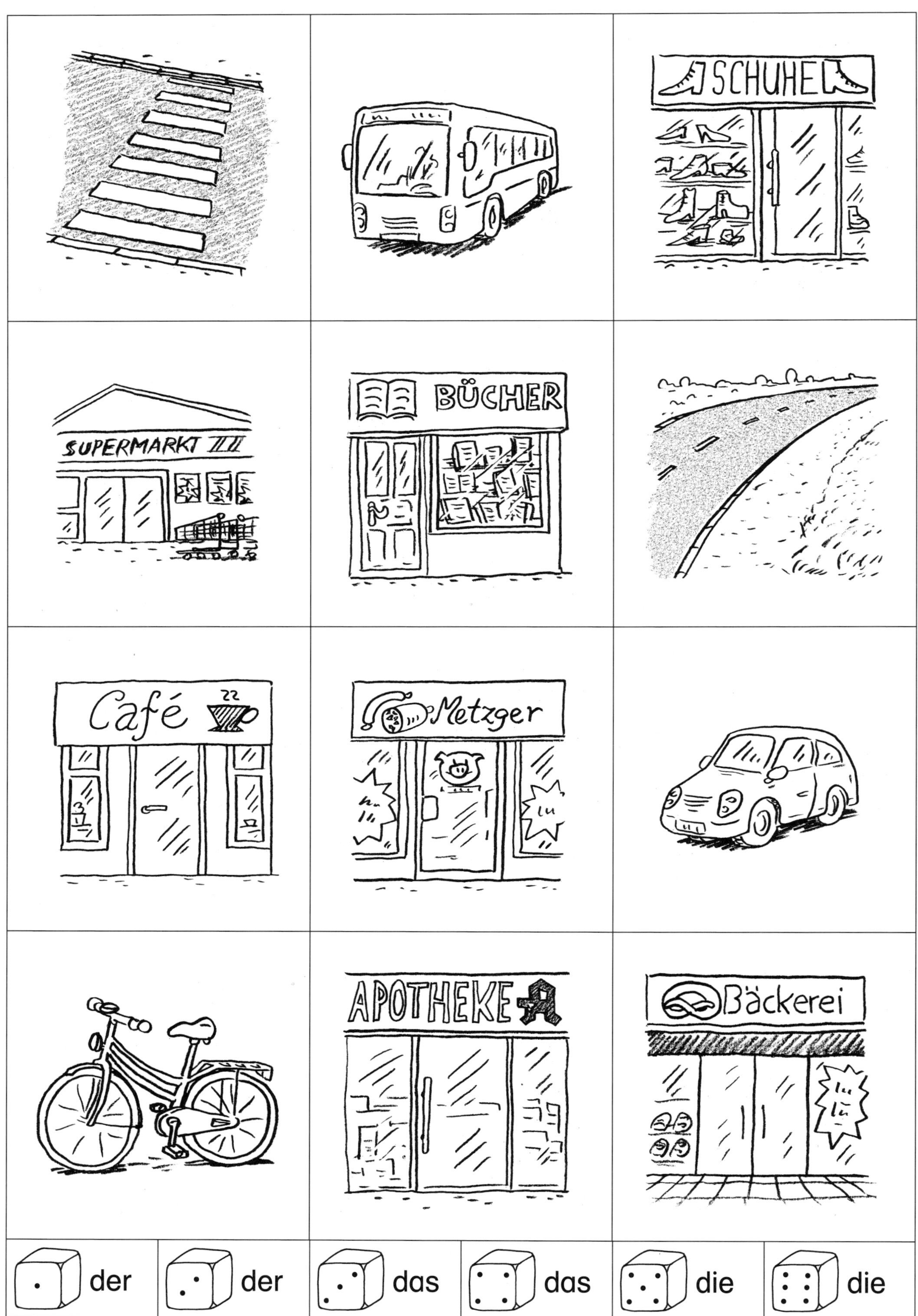
SCHUHE
BÜCHER
SUPERMARKT
Café
Metzger
APOTHEKE
Bäckerei
der
der
das
das
die
die

Suche im Wörterbuch die Wörter. Schreibe die bestimmten Artikel zu den Wörtern.

Male die Punkte in den richtigen Farben an:

blau: (der)   rot: (die)   grün: (das)

○ 

_____ Schuhgeschäft

○ 

_____ Supermarkt

○ 

_____ Buchhandlung

○ 

_____ Bus

○ 

_____ Apotheke

○ 

_____ Bäckerei

○ 

_____ Café

○ 

_____ Metzgerei

○ 

_____ Auto

○ 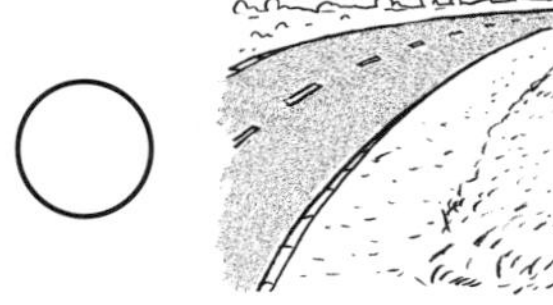

_____ Straße

○ 

_____ Fahrrad

○ 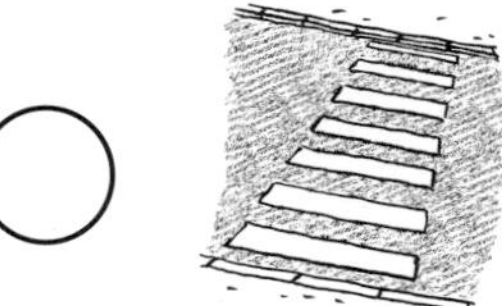

_____ Zebrastreifen

Schreibe die Wörter mit dem Artikel richtig in die Tabelle.

der	die	das

Male die Punkte in den richtigen Farben an:

blau: der rot: die grün: das

○ der → ○ ein
○ die → ○ eine
○ das → ○ ein

Schreibe das Wort mit dem bestimmten und unbestimmten Artikel.

Schuh-geschäft ○

Buch-handlung ○

Apotheke ○

Metzgerei ○

Supermarkt ○

Bäckerei ○

Auto ○

Bus ○

Fahrrad ○

Zebra-streifen ○

Male die Bilder an.

Schreibe wie im Beispiel.

grau — Das ist eine Straße.
Die Straße ist grau.

SCHUHE — braun — Das ist
Das

Café — bunt

rosa

weiß

gelb

blau

SUPERMARKT — grau

APOTHEKE — rot

BÜCHER — bunt

Male die Punkte in den richtigen Farben an:

blau: der   rot: die   grün: das

○ der → ○ er
○ die → ○ sie
○ das → ○ es

Schreibe die passenden Pronomen: er | sie | es

○ 

○ 

○ 

○ 

________ ________ ________ ________

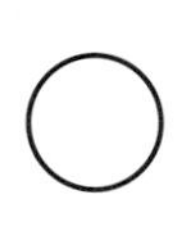
○ 

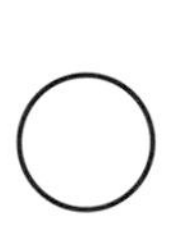
○ 

○ 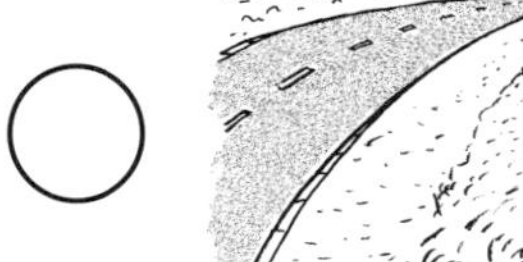
○ 

________ ________ ________ ________

○ 

○ 
○ 

○ 

________ ________ ________ ________

Welche Sätze gehören zusammen? Verbinde.

Der Supermarkt ist groß.	Er fährt schnell.
Der Bus fährt durch die Stadt.	Er hat viele Lebensmittel.
Das Fahrrad ist rosa.	Es ist rot.
Es gibt eine Metzgerei.	Es ist voll.
Das Auto steht vor dem Zebrastreifen.	Sie ist neben dem Café.
Im Café sind viele Menschen.	Sie ist grau.
Die Apotheke ist in der Stadt.	Es hat viele Schuhe.
Die Bäckerei ist beliebt.	Sie führt wenige Bücher.
Es gibt ein Schuhgeschäft.	Es gehört Maria.
Die Straße ist breit.	Sie hat geöffnet.
Die Buchhandlung ist klein.	Sie verkauft viel Brot.

Schreibe wie im Beispiel.

Ist der Supermarkt groß?	Ja, er ist groß.
Ist die Bäckerei voll?	Nein, ________________
Fährt der Bus schnell?	Ja, ________________
Ist die Straße breit?	Nein, ________________
Ist das Café in der Stadt?	Ja, ________________
Ist die Buchhandlung geöffnet?	Nein, ________________
Ist der Zebrastreifen weiß?	Ja, ________________
Ist das Schuhgeschäft groß?	Nein, ________________
Ist die Apotheke beliebt?	Ja, ________________
Ist das Fahrrad gelb?	Nein, ________________
Steht das Auto am Zebrastreifen?	Ja, ________________

Ersetze 7 Wörter! Streiche sie durch und schreibe **er** **sie** oder **es** darüber.

Hinter dem Café steht ein Auto. ~~Das Auto~~ Es parkt. Neben dem Café ist ein Schuhgeschäft. Das Schuhgeschäft ist sehr groß. Vor der Apotheke ist eine Buchhandlung. Die Buchhandlung ist sehr beliebt. Am Zebrastreifen steht ein Bus. Der Bus ist groß und gelb. Hinter dem Bus ist ein Auto. Das Auto ist schwarz. Am Zebrastreifen ist eine Bäckerei. Die Bäckerei ist heute sehr voll. Daneben ist eine Apotheke. Die Apotheke hat geschlossen. Hinter der Apotheke ist ein Supermarkt. Der Supermarkt ist groß und hell.

Wo? – Wo? – Wo ist der Floh?

				vor unter hinter in zwischen an auf neben
____________	____________	____________	____________	

____________	____________	____________	____________	

Wo liegen, stehen oder sind die Dinge?

○ der → ○ dem
○ die → ○ der
○ das → ○ dem

Bus  Der Bus steht auf der Straße.

Fahrrad  ____________________

Supermarkt 

____

Auto  ____________________

Buchhandlung 

____

Bäckerei 

____

Metzgerei 

____

Straße  ____________________

Café 

____

Setze ein: auf – unter – an – in – zwischen – neben – vor – hinter – der – die – das – dem – der – dem

○ der → ○ dem	
○ die → ○ der	
○ das → ○ dem	

Die Metzgerei ist ____________________ ____________________ Bäckerei.

Das Fahrrad ist ____________________ ____________________ Zebrastreifen.

Der Zebrastreifen ist ____________________ ____________________ Straße.

Der Bus ist ____________________ ____________________ Bäckerei.

Das Auto fährt ____________________ ____________________ Straße.

Das Schuhgeschäft ist ____________________ ____________________ Buchhandlung.

Die Apotheke befindet sich ____________________ ____________________ Café.

Der Supermarkt ist ____________________ ____________________ Bus.

Die Bäckerei befindet sich ____________________ ____________________ Metzgerei.

Die Apotheke ist ____________________ ____________________ Buchhandlung

und ____________________ Café.

______________ ______________ Fahrrad ist ______________ Schuhgeschäft.

______________ ______________ Café ist ______________ Apotheke.

______________ ______________ Supermarkt und ______________ Metzgerei ist

______________ Bäckerei.

Wo sind die Gegenstände und Geschäfte? Schreibe wie im Beispiel.

Fahrrad

Wo ist das Fahrrad?

Es ist auf der Straße.

Bus

Wo befindet sich der Bus?

Zebra-
streifen

Bäckerei

Auto

Straße

Metzgerei

Schuh-
geschäft

Buch-
handlung

Supermarkt

Schreibe Sätze. Verwende *liegt, steht, befindet sich* oder *ist.*

○ ein → ○ einem	
○ eine → ○ einer	
○ ein → ○ einem	

Fahrrad  ______________________________

Bus 

____

Zebra-streifen  ______________________________

Auto  ______________________________

Bäckerei 

____

Supermarkt 

____

Metzgerei 

____

Café 

____

Straße  ______________________________

Fahrrad  ______________________________

○ der → ○ den
○ die → ○ die
○ das → ○ das

Es gibt Verben, die den Artikel verändern.
Dazu gehören zum Beispiel: **sehen, haben, brauchen, bemerken, mögen, betreten**.
Frage ich „Wen oder was sehe ich?“, wird

aus **der** Supermarkt → Ich sehe **den** Supermarkt.
Es bleibt: **die** Straße → Ich sehe **die** Straße.
das Fahrrad → Ich sehe **das** Fahrrad.

Schreibe wie im Beispiel.

der-Wörter	Wen oder was sehe ich?
	Ich sehe den Zebrastreifen
	Ich sehe ______
SUPERMARKT	Ich sehe ______

die-Wörter	Wen oder was mag ich?
BÜCHER	Ich mag ______
Metzger	Ich mag ______
Bäckerei	Ich mag ______
	Ich mag ______

das-Wörter	Wen oder was habe ich?
	Ich habe ______
	Ich habe ______

Wen oder was siehst du?

○ der → ○ den
○ die → ○ die
○ das → ○ das

Ich sehe das Fahrrad.

Antworte wie im Beispiel.

○ der → ○ den
○ die → ○ die
○ das → ○ das

Benutzt du das Fahrrad?

Nein, ich benutze das Auto.

Siehst du die Apotheke?

Nein,

Magst du die Metzgerei?

Hast du das Auto?

Siehst du den Zebrastreifen?

Siehst du den Supermarkt?

Magst du das Fahrrad?

Siehst du die Buchhandlung?

Siehst du das Café?

Bemerkst du den Bus?

Magst du die Bäckerei?

Es gibt Verben, die den Artikel verändern.
Dazu gehören zum Beispiel: **sehen, haben, brauchen, bemerken, mögen, betreten**.
Frage ich „Wen oder was sehe ich?“, wird

○ ein	→ ○ einen
○ eine	→ ○ eine
○ ein	→ ○ ein

aus **ein** Bus ➞ Ich sehe **einen** Bus.
Aber es bleibt: **eine** Apotheke ➞ Ich sehe **eine** Apotheke.
ein Café ➞ Ich sehe **ein** Café.

Schreibe wie im Beispiel.

der-Wörter	Wen oder was sehe ich?
SUPERMARKT	Ich sehe einen Supermarkt.
	Ich sehe ______
	Ich sehe ______

die-Wörter	Wen oder was brauche ich?
APOTHEKE	Ich brauche ______
BÜCHER	Ich brauche ______
Metzger	Ich brauche ______
Bäckerei	Ich brauche ______

das-Wörter	Wen oder was habe ich?
	Ich habe ______
	Ich habe ______

Wen oder was siehst du?

○ ein → ○ einen
○ eine → ○ eine
○ ein → ○ ein

SCHUHE — Ich sehe ein Schuhgeschäft.

BÜCHER

APOTHEKE

Café

Metzger

Bäckerei

SUPERMARKT

Fülle die Lücken aus.
Verwende *sehen, betreten* oder *mögen.*
Hinweis: Der Artikel verändert sich!

○ der → ○ den
○ die → ○ die
○ das → ○ das

Ich betrete den Supermarkt ______ neben dem Café.

Ich ______ hinter der Metzgerei.

______ neben der Bäckerei.

______ an dem Zebrastreifen.

______ hinter dem Auto.

______ neben dem Supermarkt.

______ vor dem Auto.

______ vor der Apotheke.

______ vor dem Café.

______ neben der Buchhandlung.

______ unter dem Auto.

______ hinter der Apotheke.

Fülle die Lücken aus. Verwende *sehen*, *bemerken* oder *entdecken*.
Hinweis: Der Artikel verändert sich!

○ ein → ○ einen
○ eine → ○ eine
○ ein → ○ ein

Ich bemerke ein Café ______ hinter dem Supermarkt.

Ich ______ vor der Bäckerei.

______ neben der Metzgerei.

______ vor dem Schuhgeschäft.

______ auf der Straße.

______ hinter dem Café.

______ neben dem Supermarkt.

______ hinter dem Auto.

______ auf der Straße.

______ neben dem Supermarkt.

______ hinter dem Bus.

______ vor der Bäckerei.

______ neben dem Café.

______ neben dem Auto.

______ vor der Buchhandlung

Das weiß ich jetzt

Schreibe die bestimmten Artikel: **der – die – das.**

______ Metzger ______ Café ______ SCHUHE

______ BÜCHER ______ APOTHEKE ______ BANK

Schreibe die unbestimmten Artikel: **ein – eine – ein.**

______ ______ ______

Schreibe die passenden Pronomen: **er – sie – es.**

______ SUPERMARKT ______ Bäckerei ______

Schreibe 8 Wörter, **wo** etwas ist.

______ ______ ______ ______

______ ______ ______ ______

Wo sind die Dinge? Verwende **befindet sich** oder **ist.**

Fahrrad ______

Bus ______

Bäckerei ______

Fülle die Lücken aus: **ein – eine / einem – einer.**

______ Café ist neben ______ Bäckerei. Vor ______ Supermarkt steht ______ Auto. An ______ Metzgerei lehnt ______ Fahrrad. Zwischen ______ Bäckerei und ______ Schuhgeschäft ist ______ Buchhandlung. Vor ______ Bus ist ______ Zebrastreifen.

Wortschatz: Im Einkaufswagen

Suche im Wörterbuch die Wörter. Schreibe die bestimmten Artikel zu den Wörtern.

Male die Punkte in den richtigen Farben an:

blau: (der) **rot: (die)** **grün: (das)**

○ ______ Olive

○ ______ Brötchen

○ ______ Eis

○ ______ Teebeutel

○ ______ Pilz

○ ______ Tomate

○ ______ Orange

○ ______ Bonbon

○ ______ Salat

○ ______ Kartoffel

○ ______ Joghurt

○ ______ Karotte

Schreibe die Wörter mit dem Artikel richtig in die Tabelle.

---

der	die	das

Male die Punkte in den richtigen Farben an:

blau: der rot: die grün: das

○ der → ○ ein
○ die → ○ eine
○ das → ○ ein

Schreibe die bestimmten Artikel zu den Wörtern.

Teebeutel ○ ____________________

Pilz ○ ____________________

Brötchen ○ ____________________

Olive ○ ____________________

Karotte ○ ____________________

Joghurt ○ ____________________

Orange ○ ____________________

Tomate ○ ____________________

Kartoffel ○ ____________________

Eis ○ ____________________

 **Male die Bilder an.**  **Schreibe wie im Beispiel.**

blau — Das ist ein Bonbon.
Das Bonbon ist blau.

braun — Das ist
Die

rot

schwarz

orange

braun

grün

weiß

orange

bunt

Male die Punkte in den richtigen Farben an:

blau: der   rot: die   grün: das

○ der → ○ er
○ die → ○ sie
○ das → ○ es

Schreibe die passenden Pronomen: er | sie | es

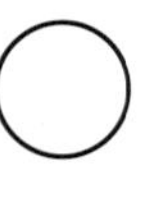

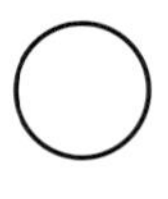

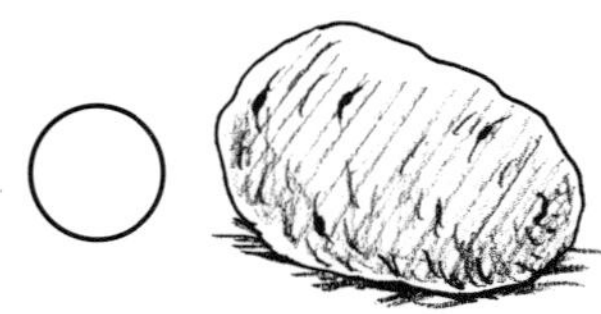

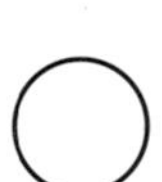
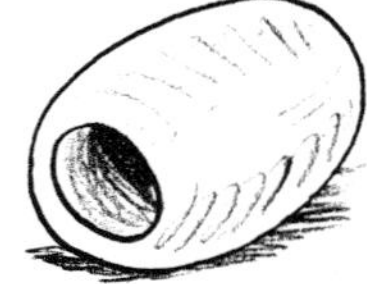

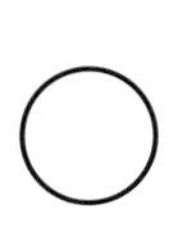

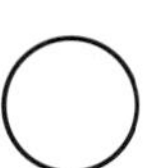

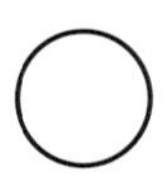

Welche Sätze gehören zusammen? Verbinde.

Das Brötchen ist noch warm.	Er schimmelt schon.
Das Bonbon ist orange.	Es ist sehr kalt.
Das Eis kommt aus dem Gefrierschrank.	Er färbt das Wasser schön rot.
Die Karotte liegt auf dem Tisch.	Sie ist frisch vom Baum.
Der Joghurt kommt aus dem Kühlschrank.	Sie ist knackig und lecker.
Der Teebeutel ist in der Tasse.	Sie ist rot.
Der Salat ist frisch.	Es ist frisch aus der Bäckerei.
Die Tomate liegt auf dem Tisch.	Er ist schön kalt.
Die Olive ist grün.	Er ist grün.
Die Orange ist reif.	Es schmeckt nach Orange.
Der Pilz ist alt.	Sie ist schön süß.

Schreibe wie im Beispiel.

Ist das Eis kalt? Ja, es ist kalt.

Ist die Orange grün? Nein, ______________

Liegt der Pilz auf dem Tisch? Ja, ______________

Ist das Brötchen süß? Nein, ______________

Steht der Joghurt im Kühlschrank? Ja, ______________

Ist der Salat frisch? Nein, ______________

Ist die Olive reif? Ja, ______________

Ist das Bonbon gelb? Nein, ______________

Ist der Teebeutel in der Tasse? Ja, ______________

Ist die Tomate blau? Nein, ______________

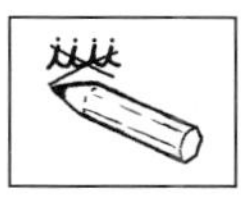

Ersetze 7 Wörter! Streiche sie durch und schreibe er sie oder es darüber.

Auf dem Tisch liegt eine Olive. ~~Die Olive~~ (Sie) ist schön schwarz. Neben der Olive liegt ein Salat. Der Salat ist noch ganz frisch. Vor dem Salat liegt ein Pilz. Der Pilz ist weiß. Auf dem Tisch liegt ein Brötchen. Das Brötchen ist noch warm. Im Kühlschrank steht ein Joghurt. Der Joghurt ist schön kalt. Daneben liegt ein Eis. Das Eis ist schon geschmolzen. Im Schrank liegt ein Bonbon. Das Bonbon ist sehr süß. Vor dem Bonbon liegt ein Teebeutel. Der Teebeutel ist schon alt.

Wo? – Wo? – Wo ist der Floh?

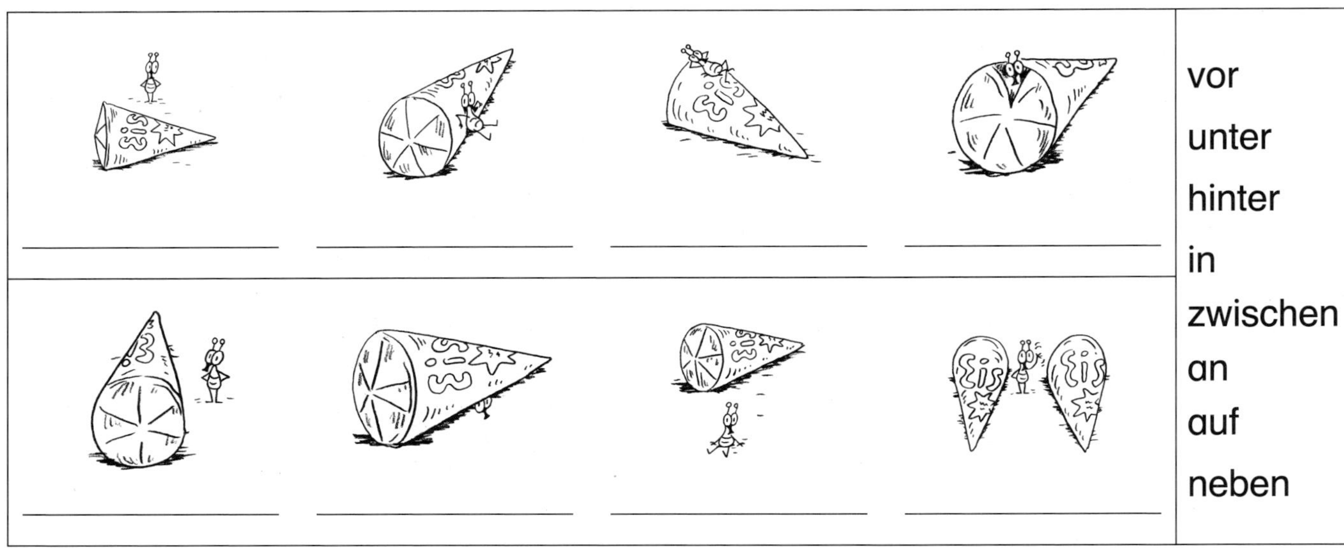

Wo liegt die Orange?
Schreibe Sätze mit der – die – das / dem – der – dem

Die Orange liegt ____________________

____

____

____

____

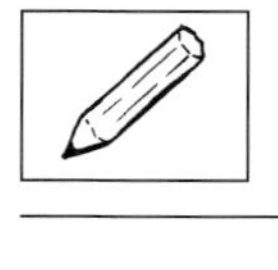

Wo liegt der Salat?
Schreibe Sätze mit ein – eine – ein / einem – einer – einem.

Der Salat liegt ____________________

____

____

____

Setze ein: der – die – das – dem –
auf – unter – an – in – zwischen –
neben – vor – hinter

○ der → ○ dem
○ die → ○ der
○ das → ○ dem

__________ Joghurt ist __________ __________ Pilz.

__________ Pilz ist __________ __________ Eis.

__________ Karotte liegt __________ __________ Olive.

__________ Kartoffel liegt __________ __________ Salat.

__________ Teebeutel ist __________ __________ Karotte.

__________ Tomate ist __________ __________ Joghurt.

__________ Brötchen liegt __________ __________ Pilz und __________ Teebeutel.

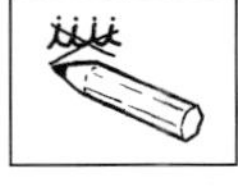

Streiche die 8 Fehler durch und schreibe das richtige Wort darüber.

neben
Das Bonbon liegt ~~unter~~ dem Eis. Die Tomate ist in dem Joghurt. Das Eis liegt zwischen der Kartoffel. Der Salat ist hinter der Tomate. Die Karotte liegt unter der Olive. Der Pilz ist vor dem Eis. Das Eis ist vor dem Bonbon und der Tomate. Die Orange ist hinter der Karotte. Die Kartoffel ist auf dem Salat.

	Der Floh **steht** hinter dem Pilz.
	Der Floh **sitzt** auf der Orange.
	Der Floh **liegt** unter dem Eis.

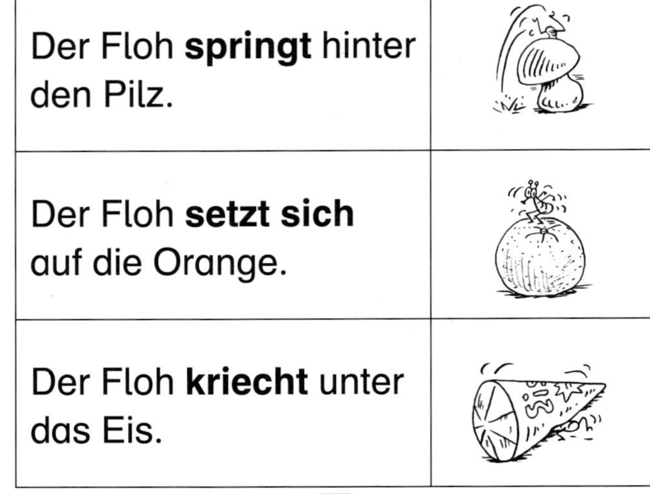

Der Floh **springt** hinter den Pilz.	
Der Floh **setzt sich** auf die Orange.	
Der Floh **kriecht** unter das Eis.	

Bei diesen Sätzen ist der Floh schon an Ort und Stelle. Er ist bereits da, er bewegt sich nicht mehr. Diese Verben nennt man **Positionsverben.**

Bei diesen Sätzen ist der Floh noch nicht an Ort und Stelle. Er ist noch nicht da, er bewegt sich erst dorthin. Diese Verben nennt man **Richtungsverben.**

Unterstreiche Positionsverben orange, Richtungsverben grau.

gehen – legen – krabbeln – hocken – stehen – rollen – sein – werfen – klettern – rennen – sitzen – springen – hängen – liegen – stellen

Schreibe die Verben in die Tabelle.

Positionsverben	Richtungsverben

Wohin? – Wohin? – Wohin springt der Floh?

○ der	→	○ den
○ die	→	○ die
○ das	→	○ das

Frage ich „**Wohin?**" verändert sich der Artikel.
Bei den Richtungsverben stellen, legen, springen, klettern, setzen, gehen … wird

aus	**der** Pilz	→ Der Floh springt auf **den** Pilz.
Es bleibt:	**die** Orange	→ Der Floh klettert auf **die** Orange.
	das Bonbon	→ Der Floh kriecht unter **das** Bonbon.

Schreibe wie im Beispiel.

der-Wörter	Wohin springt der Floh?
	hinter den Pilz.

die-Wörter	Wohin springt der Floh?

das-Wörter	Wohin springt der Floh?

Wohin rollt die Orange?

○ der → ○ den
○ die → ○ die
○ das → ○ das

Wohin? Schreibe wie im Beispiel.

○ der	→	○ den
○ die	→	○ die
○ das	→	○ das

Die Olive rollt hinter die Karotte.

Schreibe wie im Beispiel.

○ der	→	○ den	
○ die	→	○ die	
○ das	→	○ das	

Salat — Wohin legt die Mutter den Salat ?
Sie legt den Salat hinter die Orange.

Teebeutel — Wohin legt der Opa ______________________ ?
____

Tomate — Wohin legt das Kind ______________________ ?
____

Olive — Wohin legt die Verkäuferin ______________________ ?
____

Karotte — Wohin steckt der Vater ______________________ ?
____

Orange — Wohin legt der Verkäufer ______________________ ?
____

Kartoffel — Wohin legt das Kind ______________________ ?
____

Pilz — Wohin legt die Mutter ______________________ ?
____

Joghurt — Wohin legt die Verkäuferin ______________________ ?
____

Eis — Wohin legt die Oma ______________________ ?
____

Brötchen — Wohin legt der Verkäufer ______________________ ?
____

Das weiß ich jetzt

Schreibe die bestimmten Artikel: **der – die – das.**

______________ ______________ ______________

______________ ______________ ______________

Schreibe die unbestimmten Artikel: **ein – eine – ein.**

______________ ______________ ______________

Schreibe die passenden Pronomen: **er – sie – es.**

______________ ______________ ______________

Wohin?

____

____

____

Fülle die Lücken aus: **er – er – sie – sie – das – das – die – die – die – die – der – der – den – den – den**

Die Verkäuferin legt ____________ Brötchen in das Regal. ____________ legt ____________ Bonbon neben ____________ Joghurt. Der Verkäufer legt ____________ Salat liegt neben ____________ Orange. Er legt ____________ Pilz vor ____________ Karotte und ____________ Kartoffel. ____________ Tomate ist sehr reif. ____________ ist rot. ____________ Teebeutel riecht gut. ____________ ist riecht nach Orange. ____________ Pilz ist frisch und weiß. ____________ schmeckt sehr gut.

Wortschatz: Unterwegs im Kaufhaus

Suche im Wörterbuch die Wörter. Schreibe die bestimmten Artikel zu den Wörtern.

Male die Punkte in den richtigen Farben an:

blau: (der) rot: (die) grün: (das)

○ ______ Rock

○ ______ Rolltreppe

○ ______ Kopftuch

○ ______ Fahrstuhl

○ ______ Jacke

○ ______ Umkleidekabine

○ ______ Kleid

○ ______ T-Shirt

○ ______ Hose

○ ______ Kleiderständer

○ ______ Tüte

○ ______ Pullover

Schreibe die Wörter mit dem Artikel richtig in die Tabelle.

der	die	das

Male die Punkte in den richtigen Farben an:

blau: der rot: die grün: das

○ der → ○ ein
○ die → ○ eine
○ das → ○ ein

Schreibe das Wort mit dem bestimmten und unbestimmten Artikel.

Rock ○ ____________________

Hose ○ ____________________

Umkleide-kabine ○ ____________________

Kleid ○ ____________________

Pullover ○ ____________________

Jacke ○ ____________________

Tüte ○ ____________________

Kleider-ständer ○ ____________________

Fahrstuhl ○ ____________________

T-Shirt ○ ____________________

 **Male die Bilder an.**  **Schreibe wie im Beispiel.**

grau

Das ist ein Kleiderständer.

Der Kleiderständer ist grau.

gelb

Das ist

Das

blau

rosa

grün

rot

grau

braun

lila

bunt

Male die Punkte in den richtigen Farben an:

blau: der rot: die grün: das

○ der → ○ er
○ die → ○ sie
○ das → ○ es

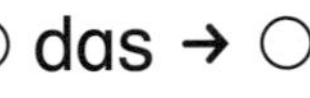

Schreibe die passenden Pronomen: er | sie | es

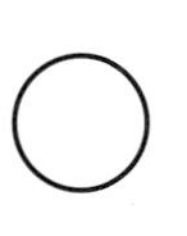  ______

  ______

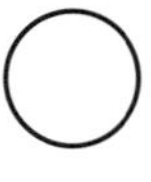  ______

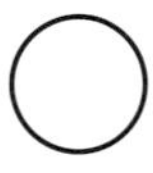  ______

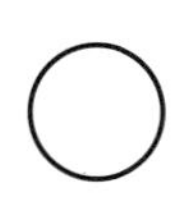  ______

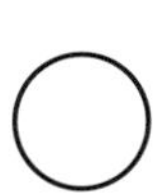 

______

  ______

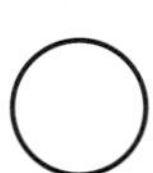  ______

  ______

  ______

  ______

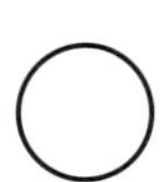  ______

Welche Sätze gehören zusammen? Verbinde.

Das Kleid ist luftig und hell.	Sie ist voller Menschen.
Die Tüte ist leer.	Sie ist eine Jeans.
Der Fahrstuhl fährt nicht.	Es ist gelb, grün, blau und rot.
Das Kopftuch ist bunt.	Sie fliegt durch die Luft.
Die Hose ist blau.	Er ist voller T-Shirts und Hosen.
Der Kleiderständer ist voll.	Es ist für den Sommer.
Das T-Shirt liegt auf dem Boden.	Er ist ein Minirock.
Die Jacke ist braun.	Er ist kaputt.
Der Pullover ist sehr warm.	Es hängt nicht am Kleiderständer.
Die Rolltreppe ist voll.	Er ist für den Winter.
Der Rock ist sehr kurz.	Sie ist aus Leder.

Schreibe wie im Beispiel.

Ist die Tüte lila?	Ja, *sie ist lila.*
Liegt das T-Shirt auf dem Boden?	Nein, ______________________
Ist der Fahrstuhl voll?	Ja, ______________________
Ist die Hose bunt?	Nein, ______________________
Liegt das Kleid in der Umkleidekabine?	Ja, ______________________
Ist die Jacke warm?	Nein, ______________________
Ist der Rock rosa?	Ja, ______________________
Hängt der Pullover am Kleiderständer?	Nein, ______________________
Ist die Umkleidekabine leer?	Ja, ______________________
Ist die Rolltreppe kaputt?	Nein, ______________________
Ist der Kleiderständer grau?	Ja, ______________________

Ersetze 7 Wörter! Streiche sie durch und schreibe er sie oder es darüber.

In der Umkleidekabine hängt eine Hose. ~~Die Hose~~ *Sie* ist blau. Daneben hängt ein Kleid. Das Kleid ist sehr lang. Hinter der Umkleidekabine steht ein Kleiderständer. Der Kleiderständer ist leer. Neben dem Kleiderständer liegt ein T-Shirt. Das T-Shirt ist bunt. Vor der Rolltreppe steht eine Tüte. Die Tüte ist grau. In der Tüte ist eine Jacke. Die Jacke ist warm und bequem. Neben der Rolltreppe ist ein Fahrstuhl. Der Fahrstuhl ist leider kaputt. Die Verkäuferin trägt einen Rock. Der Rock ist blau mit weißen Punkten.

Wo sind die Dinge?
Schreibe Sätze mit der – die – das / dem – der – dem

Tüte — Die Tüte steht auf der Hose.

Hose — ____________

Umkleide-kabine — ____________

Rock — ____________

Kleid — ____________

Pullover — ____________

Jacke — ____________

Wo sind die Dinge?
Schreibe Sätze mit ein – eine – ein / einem – einer – einem.

T-Shirt — ____________

Hose — ____________

Rolltreppe — ____________

Kleider-stände — ____________

Pullover — ____________

Tüte — ____________

Setze ein: auf – unter – über – an – in – zwischen – neben – vor – hinter – der – die – das – dem – der – dem

__________ Kleiderständer befindet sich __________ __________ Rolltreppe. __________ __________ Kleiderständer liegt __________ Hose auf dem Boden. __________ Jacke liegt __________ __________ Kleiderständer. __________ Kleiderständer ist also __________ __________ Jacke. __________ Kleid ist __________ __________ Tüte. __________ __________ Umkleidekabine befinden sich __________ Pullover, __________ Rock und __________ T-Shirt. __________ Tüte steht __________ __________ Kleiderständer. __________ Rolltreppe ist __________ __________ Umkleidekabine. __________ Pullover ist __________ __________ Rock. __________ __________ Pullover ist __________ T-Shirt. __________ __________ Umkleidekabine liegt __________ Hose. __________ Kleiderständer ist __________ __________ Tüte und __________ Hose.

Antworte wie im Beispiel.

○ der → ○ den
○ die → ○ die
○ das → ○ das

Fahrstuhl

Siehst du den Fahrstuhl ______?

Nein, ich sehe die Rolltreppe.

T-Shirt

Hast du ______?

Nein, ______

Rock

Holst du ______?

Nein, ______

Rolltreppe

Siehst du ______?

______

Umkleide-
kabine

Suchst du ______?

______

Pullover

Hast du ______?

______

Hose

Suchst du ______?

______

Tüte

Brauchst du ______?

______

Kleider-
ständer

Siehst du ______?

______

Kleid

Hast du ______?

______

Jacke

Siehst du ______?

______

Nina Herkt: Deutsch als Zweitsprache – Artikel, Präpositionen und Nomen

Wohin? Schreibe wie im Beispiel.

○ ein	→	○ einen
○ eine	→	○ eine
○ ein	→	○ ein

Die Verkäuferin legt einen Rock neben ein Kleid.

Wo oder wohin? Schreibe wie im Beispiel.

Die Verkäuferin stellt eine Tüte neben den Kleiderständer.

Das weiß ich jetzt

Schreibe die bestimmten Artikel: **der – die – das.**

__________ __________ __________

__________ __________ __________

Schreibe die unbestimmten Artikel: **ein – eine – ein.**

__________ __________ __________

Schreibe die passenden Pronomen: **er – sie – es.**

__________ __________ __________

Wo oder wohin?

____

____

____

____

Fülle die Lücken aus: **die – die – die – die – der – der – der – das – dem – dem – dem – sie – sie – er – es**

__________ Umkleidekabine steht neben __________ Fahrstuhl.

__________ Rolltreppe ist hinter __________ Umkleidekabine.

Vor __________ Kleiderständer steht __________ Tüte. __________ ist gelb.

In __________ Tüte liegt __________ T-Shirt. __________ ist blau und weiß.

An __________ Kleiderständer hängt __________ Hose. __________ ist blau. Daneben hängt __________ Rock. __________ ist kurz.